BEI GRIN MACHT SICH IHR WISSEN BEZAHLT

- Wir veröffentlichen Ihre Hausarbeit,
  Bachelor- und Masterarbeit

- Ihr eigenes eBook und Buch -
  weltweit in allen wichtigen Shops

- Verdienen Sie an jedem Verkauf

Jetzt bei www.GRIN.com hochladen
und kostenlos publizieren

GRIN ☺

Coaching und Psychotherapie. Abgrenzung, Testverfahren und die rationale-emotive Verhaltenstherapie nach Albert Ellis

Lina Maria Wellen

Bibliografische Information der Deutschen Nationalbibliothek:

Die Deutsche Nationalbibliothek verzeichnet diese Publikation in der Deutschen Nationalbibliografie; detaillierte bibliografische Daten sind im Internet über http://dnb.d-nb.de abrufbar.

ISBN: 9783346624338
Dieses Buch ist auch als E-Book erhältlich.

Druck und Bindung: Books on Demand GmbH, Norderstedt Germany
Gedruckt auf säurefreiem Papier aus verantwortungsvollen Quellen

Das vorliegende Werk wurde sorgfältig erarbeitet. Dennoch übernehmen Autoren und Verlag für die Richtigkeit von Angaben, Hinweisen, Links und Ratschlägen sowie eventuelle Druckfehler keine Haftung.

Das Buch bei GRIN: https://www.grin.com/document/1188067

Einsendeaufgabe

Coaching

Alternative C

Abgeben am 01.02.2022 im Prüfungssekretariat

SRH Fernhochschule – The Mobile University

Modul: Coaching
Studiengang: B. Sc. Psychologie

Inhaltsverzeichnis

Abkürzungsverzeichnis

„A"	auslösende Ereignis („activating event")
ABC-Modell	Aktivierendes Ereignis-Bewertungen-Consequenzen-Modell
AVEM	Arbeitsbezogenes Verhaltens- und Erlebensmuster
"B"	beschreibt das Überzeugungssystem („belief system")
bzw.	beziehungsweise
„C"	Konsequenz
COPSOQ	Copenhagen Psychosocial Questionnaire
„D"	Denkalternative („dispute")
DSM-V	Diagnostic and Statistical Manual of Mental Disorders - V
„E"	Erfolg („effective new philosophy")
EMDR	Eye Movement Desensitization and Reprocessing
et al.	et ali
„iB"	irrationale Bewertung
ICD-10	International Classification of Diseas - 10
„rB"	rationale Bewertung
REVT	Rational-Emotive Verhaltenstherapie
S.	Seite
WBP	Wissenschaftlicher Beirat Psychotherapie
z.B.	zum Beispiel

Abbildungsverzeichnis

Tabellenverzeichnis

1. Abgrenzung von Coaching und Psychotherapie

Die erste Aufgabe der Einsendeaufgabe befasst sich mit der Abgrenzung von Coaching und Psychotherapie. Dazu müssen zunächst beide Begriffe einzeln hinsichtlich ihrer Definition und ihres Verständnisses erläutert werden. Dabei sollen konkrete Beispiele helfen, die Unterschiede in den beiden Fachrichtungen aufzuzeigen.

1.1 Was ist Coaching?

Der Coaching-Begriff beinhaltet eine Vielfalt an unterschiedlichen Sachverhalten, Verfahren und Vorgehensweisen und ist damit nicht einheitlich definierbar (Fahr, 2017, S. 3). Uneinigkeit in der Definition ergeben sich vor allem aus der Masse an unterschiedlichen Coachingkonzepten und -ansätzen, aber auch aus seiner unausgereiften wissenschaftlichen Theorieentwicklung (Greif, 2008, S. 13; Greif, Möller & Scholl, 2018, S.2). Greif (2008) beschreibt dazu Coaching als „[...] ein Thema, bei dem die Praxis der wissenschaftlichen Theorieentwicklung weit vorausgeeilt ist" (S. 13). Seine verschiedenen Ansätze reichen von Business Coaching, Executive Coaching und Performance Coaching bis hin zu Eltern-Coaching und vielen weiteren Coachingformen, die sich immer weiter und aus immer neuen gesellschaftlichen Herausforderungen entwickeln (Loebbert, 2015, S. 8; Wegener, Loebbert & Fritze, 2016, S. 1). Geschichtlich betrachtet liegen die Ursprünge des Coachings im Spitzensport, wo Leistungssportler*innen erstmals fachliche und psychologische Beratung von Coaches erhielten, um im Wettkampf Höchstleistungen zu erzielen. Der Coach war Expert*in für die jeweilige Disziplin und mit zunehmender Professionalisierung des Coachings wurden auch psychologische Kompetenzen mehr Gewicht beigemessen sowie in Ausbildungslehrgänge integriert. Heute findet Coaching vor allem im privaten und beruflichen Kontext statt (Backhausen & Thommen, 2017, S. 1-2). Es kann als Sammelbegriff für Formen der personalisierten, prozessorientierten Beratung begriffen werden, wobei diese aber dem Grundsatz „Beratung ohne Ratschlag" oder auch „Hilfe zur Selbsthilfe" folgt (Greif et al., 2018, S. 2). Damit stellt Coaching ein spezifisches Dialogformat dar. Das bedeutet, dass Coaching in einem Frage- und Antwortdialog stattfindet, in welchem der Coach durch seine Fragen zum Denken und Reflektieren anregen soll. Um diese Beratungsform und ihre Wirkweise einzuordnen, sollten die wichtigsten Merkmale von Coaching benannt werden (Wrede & Wiesenthal, 2018, S. 10). Wrede & Wiesenthal (2018) beschreiben „Coaching ist auf konkret messbare Ziele ausgerichtet, mit streng eingehaltener Rollen- und Aufgabenverteilung, und es folgt einer coachingeigenen Dramaturgie" (S. 10). Daraus ergibt sich, dass der Coaching-Dialog sich immer nach konkreten und messbaren Zielen ausrichtet. Diese müssen zu Beginn des Coachings präzise erarbeitet und benannt werden. Neben dem Gesamtziel sollte auch bei jeder Zusammenkunft sogenannte Sitzungsziele festgelegt werden, dessen Erreichung zum Sitzungsabschluss resümiert werden kann und dessen Wert für der Erreichung des Gesamtziels beurteilt werden sollte. Des Weiteren stellt sich die Einhaltung der strengen Rollen- und Aufgabenverteilung als Merkmal von Coaching heraus. Der Coachingdialog beinhaltet im klassischen Coaching immer zwei beteiligte Akteure, die für den Coachingprozess eine Partnerschaft eingehen. Zum einen gibt es den Coach, der durch die coachingnutzende Person beauftragt wird und dessen Aufgabe es ist, eine erkenntnisfördernde Prozessstruktur zu entwickeln und den Prozess individuell angepasst an seine Klient*innen zu steuern. Der Coach hat damit die Prozesshoheit. Zum anderen gibt es die coachingnutzende Person, auch Coachee genannt, welcher die Themenhoheit besitzt. Das heißt der Coachee ist Taktgeber wie Themenhalter des Coachingprozesses. Dabei begegnen sich Coach und Coachee immer auf Augenhöhe. Zuletzt stellt die Dramaturgie ein Merkmal des Coachings dar. Coaching ist immer zeitlich begrenzt und verläuft übergeordnet in drei Phasen ab (Wrede & Wiesenthal, 2018, S. 10-12). Zu Beginn steht der Coachingauftakt, in welchem die Coachingvereinbarung, bestehend aus psychologischem und formellem Vertrag, getroffen werden sowie erste Interventionen erfolgen. Darauf folgt der Coachingverlauf, wo durch den Dialog neue Erkenntnisse befördert werden sollen und die Potentialfreisetzung des Coachees stattfindet. Abschließend wird im Coachingabschluss Bilanz gezogen und die Arbeitsbeziehung bei Erfolg aufgelöst (Wrede & Wiesenthal, 2018, S. 12).

Zusammenfassend stellt Coaching also eine Form der Beratung dar, die in unterschiedlichsten Themenfeldern und mit unterschiedlichen Ansätzen durchgeführt werden kann. Gemein haben alle Coachingformen das Ziel, ungenutztes Potential des Coachees, durch Anregung der Selbstreflexion und Selbststeuerung zu aktivieren. Der Coachee soll dadurch aus eigener Kraft Lösungen für seine Konflikte finden, während der Coach ihn in diesem Prozess unterstützt (Fahr, 2017, S. 4). Dies geschieht im Rahmen eines Dialogs, der sich auf festgelegte, messbare Ziele ausrichtet, einer strengen Rollen- und Aufgabenverteilung sowie einer Coachingdramaturgie folgt. Der Coach bedient sich dabei an theoretischen Grundlagen und Methoden aus anderen Fachbereichen, wie der Psychotherapiewissenschaft, Trainigswissenschaft oder Pädagogik, die aufgrund ihrer Vielfalt und aus platztechnischen Gründen nicht genauer erläutert werden können (Loebbert, 2015, S. 8-9; Wrede & Wiesenthal, 2018, S. 10-12). Zuletzt sollte darauf Aufmerksam gemacht werden, dass Coaching also nicht als „Reparaturmaßnahme" zu verstehen ist, sondern als Werkzeug, um verborgene

Potentiale sichtbar und nutzbar zu machen. Somit eignet sich Coaching für jene Personen, die ein konkretes Anliegen haben und offen für Veränderungs- und Entwicklungsprozesse sind, um persönliche und/oder organisationale Leistungsverbesserung zu erreichen. Folglich kann Coaching ausschließlich auf freiwilliger Basis durchgeführt werden (DGfC e.V., 2013, S. 1-2).

1.2 Was ist Psychotherapie?

Wie auch beim Coaching ist der Begriff der Psychotherapie differenziert zu betrachten und unterliegt noch keiner einheitlichen Definition (Margraf, 2009, S. 7). Zugleich ist auch in der historischen Betrachtung der Psychotherapie kein eindeutiger Ausgangspunkt festzulegen. So datieren manche Autoren der Ursprung der modernen Psychotherapie mit der Begründung der Psychoanalyse nach Sigmund Freud (1856-1939). Andere beschreiben den Beginn der modernen Psychotherapie bereits viel früher und beziehen sich auf das Jahr 1775, in welchem der Arzt Anton Mesmer feststellte, dass die entwickelte Heilmethode des Pfarrers Gassner nicht direkt dem Exorzismus unterzuordnen ist. Gassner war durch seine Methode zur Behandlung von Kopfschmerzen populär geworden, in welcher er „[…] bestimmte (Exorzismus-)Formeln sprach, während die Patienten aufgefordert wurden, ihre Symptome stärker und dann wieder geringer werden zu lassen (Helle, 2019, S. 2). Dieses Vorgehen kann heute als Einübung von Mechanismen der Selbstkontrolle verstanden werden und wird immer noch in der Psychotherapie angewendet. Unabhängig von der genauen Festlegung eines genauen Zeitpunkts des Beginns der Psychotherapie lässt sich aber festhalten, dass seit dem 20. Jahrhundert eine Vielzahl an verschiedenen psychotherapeutischen Ansätzen entwickelt hat, die schwer zu überblicken ist (Helle, 2019, S. 3-4). Der Begriff der Psychotherapie wird also mit verschiedensten Verfahren, Techniken und Schulbezeichnungen in Verbindung gebracht. Verallgemeinernd wird Psychotherapie den klinisch-psychologischen Interventionen untergeordnet. Diese umfassen alle psychologischen Interventionen, also wissenschaftlich fundierten und auf Wirksamkeit überprüfbaren Handlungen, die im Umgang mit menschlichen Störungen und Problemen eingesetzt werden. Dabei ist eine wissenschaftliche Abgrenzung der Psychotherapie von anderen psychologischen Interventionen sehr schwer zu gewährleisten, wodurch diese hauptsächlich auf organisatorisch-administrativen und rechtlichen Bestimmung basiert (Hoyer, Knappe & Wittchen, 2020, S. 378). Der Wissenschaftliche Beirat Psychotherapie (WBP), der nach §11 des Psychotherapeutengesetzes für die Bewertung und Anerkennung psychotherapeutischer Verfahren verantwortlich ist, definiert den Begriff Psychotherapie wie folgt: „Psychotherapie ist die Behandlung von Individuen auf der

Basis einer Einwirkung mit überwiegend psychischen Mitteln. Die Definition wissenschaftlicher Psychotherapie fordert eine Reihe von weiteren Bedingungen, z.B. das Anstreben der positiven Beeinflussung von Störungs- und Leidenszuständen in Richtung auf ein nach Möglichkeit gemeinsam erarbeitetes Ziel sowie einen geplanten und kontrollierten Behandlungsprozess, der über lehrbare Techniken beschrieben werden kann und sich auf eine Theorie normalen und pathologischen Verhaltens bezieht" (WBP, 2004, zitiert nach Magraf, 2009, S. 7; Hoyer et al., 2020, S. 380). Aus dieser Definition lassen sich folgende Kriterien für Psychotherapie ableiten:

1. Psychotherapie ist ein geplanter zielorientierter Prozess.
2. Psychische Prozesse werden durch psychologische Mittel mit theoretischer Fundierung verändert.
3. Psychotherapie hat ein interaktiver Charakter.
4. Lehr- und Lernbarkeit der Verfahrenskomponenten und des Prozesses.

Hoyer et al. (2020) fügt dem eine emotionale Komponente als Kriterium hinzu. Damit beziehen sie sich auf den Aufbau einer therapeutischen Beziehung bzw. bestimmten Rollenstrukturierung zwischen Patient*in und Therapeut*in, die nicht nur Wirkfaktor, sondern Voraussetzung für die Therapie darstellt (S. 379). Anwendungsbereich von Psychotherapie umfassen umschriebene Symptome, Syndrome oder Störungsbereiche, welche in ICD-10 oder DSM-V festgehalten sind (z.B. Angststörungen, Entwicklungsstörungen oder Beziehungsstörungen). Hierbei ist der Zusammenhang der Begriffe „Psychische Störung" und „Behandlungsbedürftigkeit" relevant, da nicht jede Störung einen Krankheitswert hat und somit einer Behandlung bedarf. So besteht bei der Diagnose einer psychischen Störung grundlegend Behandlungsbedürftigkeit, wenn eine Krankheitswertigkeit vorliegt, durch welche die normale Lebensführung der betroffenen Person eingeschränkt ist und (erhebliches) Leid verursacht (Margraf, 2009, S. 10). Kattan (2021) weist aber darauf hin, dass Psychotherapie nicht nur für akut kranke Personen mit psychischen Störungen ausgerichtet ist, sondern auch beispielsweise begleitend zur medizinischen Behandlung von körperlichen Erkrankungen eingesetzt wird. Sie verfolgt das Ziel: „[...] die Lebensqualität der Ratsuchenden zu verbessern und die von innerem Druck zu befreien" (S. 111). Dabei greift die Psychotherapie eine Vielzahl von Verfahren, Techniken und Schulen zurück, die sich hinsichtlich ihrer Ziele, Wirkungen und Methoden zwar im theoretischen Ansatz differenzieren, aber in ihrer praktischen sogar Ausübung zu Teilen überschneiden (Helle, 2019, S. 4). Unterscheiden lassen sich vier durch die WBP anerkannte Grundorientierung: psychodynamische Verfahren, systemische Verfahren, humanistisch-psychologische Verfahren und verhaltenstherapeutische Verfahren. Diese können aus platztechnischen Gründen inhaltlich nicht genauer beleuchtet werden.

Beispiele für anerkannte Methoden sind die EMDR-Methode, neuropsychologische Therapie, Hypnotherapie oder interpersonelle Psychotherapie (Hoyer et al., 2020, S. 381). Zusammenfassend kann auf die Definition von Haenel (2018) zurückgegriffen werden, die das Verständnis von Psychotherapie wie folgt resümiert: „Psychotherapie ist die Behandlung emotionaler Probleme mit psychologischen Mitteln, wobei ein dafür ausgebildeter Therapeut mit Bedacht eine berufliche Beziehung zum Patienten herstellt mit dem Ziel, bestehende Symptome zu beseitigen, zu modifizieren oder zu mildern, gestörte Verhaltensweisen zu wandeln und die günstige Reifung und Entwicklung der Person zu fördern" (S. 248).

1.3 Abgrenzung von Psychotherapie und Coaching anhand von Beispielen

Im Folgenden sollen nun die Unterschiede zwischen und Coaching und Psychotherapie erläutert werden sowie die Bedeutung der Abgrenzung der beiden Praktiken voneinander. Übergeordnet finden sich die größten Differenzen im Anlass, der Zielgruppe, den Zielen, der Orientierung sowie in der Verantwortung und Qualifikation der Coaches bzw. Psychotherapeut*innen. Während Coachinganlässe sich hauptsächlich auf Anliegen im beruflichen Kontext beziehen, setzt sich die Psychotherapie häufig mit persönlichen und privaten, aber auch beruflichen Schwierigkeiten auseinander (Lippmann, 2006, S. 33). Ein wichtiger Unterscheidungspunkt zeigt sich dabei in der angesprochenen Zielgruppe. Coaching findet ausschließlich bei psychisch gesunden Klient*innen statt und es wird davon ausgegangen, dass kein Defizit vorliegt. Stattdessen wird der Coachee als Potenzialträger betrachtet, dessen Möglichkeiten sich durch das Coaching, also durch Fragen und Denkanregungen, freigesetzt werden (Wrede & Wiesenthal, 2018, S. 21-22). Psychotherapie konzentriert sich auf Patient*innen mit psychischen Störungen und somit auf die Wiedererlangung von Gesundheit bzw. Befreiung von Symptomen (Haenel, 2018, S. 248). Dabei wird in der Psychotherapie eher ursachenorientiert gearbeitet, während beim Coaching direkt nach Lösungen und Ressourcen gesucht wird, wobei klare Ziele gesteckt und immer wieder überprüft werden. Hierbei liegt die Themenhoheit und Zielsetzung beim Coachee und dem Coach kommt ausschließlich die Prozesshoheit zu. Der Coach qualifiziert sich durch organisationspsychologische, betriebswirtschaftliche und Prozesskompetenzen (Lippmann, 2006, S. 33; Wrede & Wiesenthal, 2018, S. 11). In der Psychotherapie ist der Verantwortungsgrad der Therapeut*innen abhängig von der Ausgangsituation der Patient*innen und entscheidet darüber inwieweit die Therapeut*innen nicht nur Prozess, sondern auch Inhalt und Ablauf verantworten. Therapeut*innen qualifizieren sich durch die Ausbildung in

Psychotherapie (Lippmann, 2006, S. 33). Ein Beispiel einer fiktiven Coachingsituation wäre folgendes: Das erfolgreiche Start-Up-Unternehmen XY möchte sich weiterentwickeln und eröffnet dazu eine ganz neue Abteilung für den Bereich Social-Media-Marketing. Als Abteilungsleiterin wird Frau S. eingestellt, die vorher bereits für eine andere Firma in diesem Bereich gearbeitet hat, allerdings noch keine Führungsposition besetzt hat. Ihr sind 7 Mitarbeiter*innen unterstellt. Noch nach einiger Zeit nach der Neueröffnung der Abteilung merkt Frau S., dass sie sich in ihrer neuen Position überfordert fühlt. Zwar wisse sie um ihre fachliche Kompetenz, fühle sicher aber gegenüber ihren Mitarbeiter*innen unsicher und glaube sich nicht durchsetzen zu können. Daher vereinbart Sie, nach Absprache mit der Geschäftsleitung, Termine beim internen Coach des Unternehmens, der ihr helfen soll ihre Qualitäten als Führungskraft zu stärken.

Für Psychotherapie kann folgendes Beispiel beschrieben werden: Herr M. fühlt sich seit einiger Zeit ständig müde, lustlos, niedergeschlagen und klagt über Energiemangel und Schlafstörungen. Das beeinträchtige ihn mittlerweile nicht nur in seinem privaten Leben, sondern auch in seiner beruflichen Leistung. Da der Hausarzt von Herrn M. keine körperlichen Ursachen seine Beschwerden finden kann, überweist er ihn an eine psychotherapeutische Praxis aus der Umgebung als nächste Anlaufstelle. Bei Herrn M. wird eine Depression diagnostiziert, welche seine Psychotherapeutin durch Verhaltenstherapie behandeln soll, um ihn von seinen Symptomen zu befreien und seine Gesundheit wiederzuerlangen.

2. Testverfahren im Coaching

Die nächste Aufgabe konzentriert sich auf Testverfahren im Coaching. Dabei werden die Verfahren Copenhagen Psychosocial Questionnaire (COPSOQ) und Arbeitsbezogenes Verhaltens- und Erlebensmuster (AVEM) vorgestellt. Zusätzlich wird eine jeweilige Coachingsituation genannt, in welcher die Verfahren Anwendung finden und wie die Ergebnisse der Tests genutzt werden können. Anschließend werden die Grenzen der beiden Testverfahren aufgezeigt.

2.1 Arbeitsbezogenes Verhaltens- und Erlebensmuster (AVEM)

AVEM stellt einen Fragebogen zu arbeitsbezogenen Verhaltens- und Erlebensmustern dar. Durch diesen sollen gesundheitsförderliche bzw. -gefährdende Verhaltensmuster und Erlebensmuster herausgestellt werden, die bei der Bewältigung beruflicher

Anforderung entstehen (Thielmann, Yurkul, Zavgorodnij, Kapustnik & Böckelmann, 2019, S. 134). Der Test basiert auf dem Modell arbeitsbezogener Verhaltens- und Erlebensmuster nach Schaarschmidt und Fischer, dass von einer aktiven Rolle des Menschen im Umgang mit beruflichen Belastungen ausgeht. Dabei nehmen individuelle Verhaltens- und Erlebensweisen sowie das Einbringen von persönlichen Ressourcen erheblichen Einfluss. Das Modell erfasst vor diesem Hintergrund verschiedene Muster im Verhalten und Erleben, die sich voneinander abgrenzen, relativ stabil sind und durch den Test identifiziert werden sollen. Die Muster ergeben sich aus Persönlichkeitsdispositionen als auch aus der Berufsausübung (Poschkamp, 2008, S. 97). Im Fragebogen werden elf Dimensionen in drei Bereichen erfasst, woraus sich insgesamt 66 Items ergeben (Thielmann et al., 2019, S. 134). Die drei Bereiche, welche für berufsbezogene Bewältigungsmuster relevant sind, stellen Engagement, Widerstandskraft und Emotionen dar. Engagement bzw. Arbeitsengagement bezieht sich auf das Maß der Verausgabungsbereitschaft. Hohes Engagement bewirkt gesundheitsförderliche Bewältigungsmuster, da es Erfolgserleben und Sinnerfüllung in der Arbeit hervorruft. Zugleich ist auch Distanzierungsfähigkeit von der Arbeit gefordert, um diese von anderen Lebensbereichen abzugrenzen. Es gilt „[…] umgekehrt proportional: je höher das Engagement, desto niedriger die Fähigkeit, sich zu gedanklich und emotional von der Arbeit zu distanzieren" (Poschkamp, 2008, S. 98-99). Dimensionen des Arbeitsengagement stellen subjektive Bedeutsamkeit der Arbeit, beruflicher Ehrgeiz, Verausgabungsbereitschaft, Perfektionsstreben und Distanzierungsfähigkeit dar (Thielmann et al., 2019, S. 134). Widerstandkraft bezieht sich auf Konzepte der individuellen Bewältigungsressourcen gegenüber Belastung. So ist zum einen Vertrauen in die eigene Problemlösefähigkeit sowie Kohärenz förderlich (Poschkamp, 2008, S. 99-100). Dimensionen des Bereichs Widerstandskraft sind Resignationstendenz bei Misserfolg, offensive Problembewältigung und innere Ruhe sowie Ausgeglichenheit (Thielmann et al., 2019, S. 134-135). Der letzte Bereich bezieht sich auf Emotionen, wobei spezifisch Zufriedenheit wie Geborgenheit im Kontext der beruflichen Anforderungen gemeint sind. Auch soziale Unterstützung spielt dabei eine wichtige Rolle für Verhaltens- und Erlebensmuster (Poschkamp, 2008, S. 100). Daraus ergeben sich die drei letzten Dimensionen Erfolgserleben im Beruf, Lebenszufriedenheit und Erleben sozialer Unterstützung.

Im Fragebogen beantworten die Proband*innen die 66 Items immer durch die Nutzung einer fünfstufigen Skala, die von „völlig" bis „überhaupt nicht" reicht. Die ausgewerteten Ergebnisse ergeben dann eine Wahrscheinlichkeitsangabe für ein Individuelles Profil. Unterschieden werden hier vier Muster. Die gesundheitsgefährdenden Muster (Muster

A und Muster B) sowie die gesundheitsförderlichen Muster (Muster G und Muster S). Die Charakteristika der einzelnen Muster sollen im Folgenden kurz vorgestellt werden.

Muster A stellt ein gesundheitsgefährdendes Erlebens- und Verhaltensmuster dar, welches durch übersteigertes Engagement, exzessive Anstrengung, geringe Distanzierungsfähigkeit wie Widerstandsfähigkeit gegenüber Stress geprägt ist. Hinzu kommen Aspekte wie Selbstüberforderung, negative Emotionen und eingeschränktes Lebensgefühl, wodurch es dem Typ-A-Verhalte entspricht.

Muster B ist ebenfalls als gesundheitsgefährdend eingestuft. Hier steht aber ein geringes Engagement, Überforderung und eine Resignationstendenz immer Vordergrund. Wie auch im A-Muster wird es durch negative Emotionen, ein eingeschränktes Lebensgefühl und verminderte Widerstandsfähigkeit charakterisiert. Hier entspricht das Muster einer Burnout-Symptomatik.

Muster G ist ein gesundheitsförderliches Muster, bei welchem das Arbeitsengagement hoch aber nicht exzessiv ausgeprägt ist und auch Distanzierungsfähigkeit und Widerstandsfähigkeit hoch sind. Hier ergeben sich ein positives Lebensgefühl wie offensives Coping (Thielmann et al., 2019, S. 135-136).

Muster S stellt zuletzt auch ein gesundheitsförderliches Muster dar. Der Fokus liegt hier allerdings auf Schonung. Es liegt ein geringes Arbeitsengagement vor, dafür eine hohe Distanzierungsfähigkeit gegenüber Belastungen. Auch hier kann von Zufriedenheit gesprochen werden, wobei dennoch beachtet werden muss, das Verhaltens- und Erlebensmuster vorliegen, die psychische Gefährdungen anzeigen. Daher gilt Muster S als Risikomuster, welches mit präventiven Gesichtspunkten beobachtet werden sollte (Poschkamp, 2008, S. 103-104; Thielmann et al., 2019, S. 136)

2.1.1 Coachingsituation mit AVEM

Beispielhaft soll im Folgenden eine Coachingsituation geschildert werden, in welcher der Fragebogen AVEM verwendet werden könnte und wie seine Ergebnisse genutzt werden könnten: Die Anwendung des Fragebogens zu arbeitsbezogenen Verhaltens- und Erlebensmustern bietet sich zu Anfangs eines Einzel-Coachings an, um gesundheitsförderliche und gesundheitsgefährdende Verhaltensweisen des Coachees bei der Arbeit herauszustellen. Das Testergebnis gibt Auskunft über die Erlebens- und Verhaltensmuster des Coachees und ordnet dem Coachee einem Mustertypen zu. Auf Basis dessen können dem Coachee möglicherweise unbewusste problemverursachende Verhaltensweisen vor Augen geführt werden und darauf aufbauend Ziele entwickelt werden, die auf ein Ändern oder Vermeiden dieser Muster abzielen. Später könnte das Testverfahren wiederholt werden, um das Coaching zu evaluieren und die Zielerreichung zu prüfen. Es muss als Grenze des Verfahrens Beachtung finden, dass der Fragebogen ausschließlich personenbezogene Merkmale erfasst, während personenunabhängige oder berufsspezifische Aspekte außer Acht gelassen werden (Wesselborg, 2017, S. 262). Des Weiteren dient AVEM nur der Diagnostik, wobei bedacht werden muss, dass bei der Intervention nicht an den aufgedeckten Symptomen angesetzt wird, sondern viel mehr die Schaffung und Stärkung von Ressourcen im Fokus stehen sollte (Schaarschmidt, 2012, S. 10).

2.2 Copenhagen Psychosocial Questionnaire (COPSOQ)

Der Copenhagen Psychosocial Questionnaire, kurz COPSOQ, ist ein Fragebogen, durch den ein differenziertes Bild psychosozialer Faktoren auf der Arbeit erhoben werden soll (Nübling, Vomstein, Haug & Lincke, 2017, S. 151). Er wurde ursprünglich in Dänemark von Kristensen und Borg entwickelt, findet heute aber international Anwendung. Es handelt sich beim COPSOQ um ein Befragungsinstrument, welches eingangs postalisch oder mittels Telefoninterview eingesetzt wurde und Belastungsfaktoren sowie Beanspruchungsfolgen abfragt (Neuner, 2019, S. 72; Nübling, Hasselhorn, Michaelis & Hofmann, 2005, S. 12). Ziel des Fragebogens ist „[...] die Messung des Spektrums psychosozialer Arbeitsbelastungen a) in der berufstätigen Bevölkerung insgesamt, b) in verschiedenen Berufsgruppen und c) in unterschiedlichen betrieblichen Arbeitsbereichen" (Nübling et al., 2005, S. 12). Dabei basiert er auf einer Vielzahl theoretischer Ansätze und bereits erprobter Instrumente, wie dem Modell der beruflichen Gratifikationskrisen, dem Anforderungs-Kontroll-Modell, der Whitehall II Study oder dem Job Content Questionnaire, die aufgrund platztechnischer Gründe nicht genauer erläutert werden können. Daraus ergibt sich, dass nur ein kleiner Anteil aller Fragen neu entwickelt wurde (Neuner, 2019, S. 72; Nübling et al., 2005, S. 13). Betont wird durch Nübling et al. (2005), dass der Fragebogen als Screening-Tool dient und nicht als Grundlage für von Interventionen verwendet werden kann. Auch soll der COPSOQ nicht zur Analyse der Arbeitsbedingungen von einzelnen Personen verwendet werden, sondern viel mehr zur Bewertung und dem Vergleich von Gruppen dienen (z.B. verschiedene Arbeitsbereiche innerhalb eines Unternehmens oder unterschiedliche Berufsgruppen im landesweiten Vergleich) (S. 12). Es liegen sowohl eine Lange als auch eine mittellange und kurze Version des COPSOQ vor, wobei sich im Folgenden auf die Langversion konzentriert wird. Diese besteht in der Originalversion aus 30 Skalen gebildet aus 141 Items. Davon beschäftigen sich 18 Skalen mit dem Spektrum psychosozialer Arbeitsbelastungen (also Anforderungen, Einfluss- und Entwicklungsmöglichkeiten & soziale Beziehungen und Führung), sieben Skalen beziehen sich auf Beanspruchungen also Outcomes, drei Skalen erfassen Verarbeitungsmechanismen und zwei weitere Skalen haben keine genauere Zuordnung zu Belastungen oder Beanspruchungen. Die Items sind meistens ordinal skaliert und stellen fünf Antwortkategorien zur Verfügung (Nübling et al., 2005, S. 12-13). Die Bearbeitungszeit des Fragebogens entspricht damit ca. 25 Minuten. Inzwischen liegt bereits die dritte Version vor. In Deutschland wurde der COPSOQ in Auftrag der Bundesanstalt für Arbeitsschutz und Arbeitsmedizin durch die Forschungsstelle Arbeits- und Sozialmedizin Freiburg erprobt und als tauglich eingeschätzt (Lincke, Häberle, Lindner, Nolle, Vomstein, Haug, Kranich & Nübling, 2020, S. 177). Ein Modell zur leicht abgewandelten deutschen Fassung des COPSOQ in dritter Version ist in Abbildung 1 veranschaulicht (Neuner, 2019, S. 72).

Abbildung 1: Strukturdiagramm COPSOQ Version 3 (Quelle: Eigene Darstellung in Anlehnung an Neuner, 2019, S. 72)

Wie in Abbildung 1 zu erkennen, nehmen Arbeitsanforderungen, Einfluss- und Entwicklungsmöglichkeiten sowie soziale Beziehungen und Führung positiv wie auch negativ Einfluss auf die Belastungsfolgen (also Outcomes). Zusätzlich werden weitere Parameter beschrieben, die nicht direkt zugeordnet werden können, aber ebenfalls auf die Outcomes wirken (Vertrauen & Gerechtigkeit, Arbeitsumgebung, physische

13

Anforderungen, Unsicherheit des Arbeitsplatzes). Zusammenfassend halten Nübling et al. (2005) fest: „Damit handelt es sich beim COPSOQ um ein Instrument, das versucht, der Breite bzw. der Unbestimmtheit des Konstruktes psychische Belastung und seiner vielfältigen Operationalisierungen durch ein multidimensionales Verfahren mit einem breiten Spektrum erhobener Aspekte Herr zu werden" (S. 13).

2.2.1 Coachingsituation mit COPSOQ

Beispielhaft soll im Folgenden eine Coachingsituation geschildert werden, in welcher der COPSOQ verwendet werden könnte und wie seine Ergebnisse genutzt werden könnten: Die Anwendung des COPSOQ eignet sich z.B. bei einem unternehmensinternen Systemcoaching. Beansprucht eine geschäftsführende Person ein Coaching, können durch den COPSOQ seine/ihre verschiedenen Abteilungen hinsichtlich psychosozialer Faktoren auf der Arbeit verglichen werden. So könnte sich beispielsweise bei der Skala „Soziale Beziehungen und Führung" herausstellen, dass einige Abteilungen deutlich mehr Feedback erhalten als andere oder, dass in bestimmten Abteilungen häufiger Rollenkonflikte auftreten als in anderen. Durch diese Ergebnisse hat die Führungskraft einen besseren Überblick über das Unternehmen, bekommt mögliche Probleme direkt vor Augen geführt und kann sich spezifischere Zielsetzungen für die einzelnen Abteilungen machen, um auf Systemebene Optimierungen und Veränderungen vorzunehmen. Das Testverfahren kann zum Ende des Coachings zur Evaluation wiederholt werde.

Als Grenzen des COPSOQ sollte vor allem darauf hingewiesen werden, dass dieser sich nicht zur Analyse der Arbeitsbedingungen von einzelnen Personen eignet, sondern maximal Teilaspekte des Fragebogens aufgegriffen werden könnten und in Kombination mit anderen Instrumenten genutzt werden könnte, um Aufschluss über individuelle Bedingungen von Einzelpersonen zu erlangen.

3. Rational-emotive Verhaltenstherapie

Die Verhaltenstherapie gilt aus historischer Betrachtung zusammen mit der Psychoanalyse als fundamentale Psychotherapietradition. Heute unterscheidet sie viele verschiedene theoretische und praktische Ansätze, die sich aber alle in ihrer „[...] Forderung nach empirisch-wissenschaftlicher Überprüfung ihrer Vorgehensweisen und Wirkelemente" gleichen (Egger, 2015, S.170). Ein Ansatz der Verhaltenstherapie stellt die rational-emotive Verhaltenstherapie (kurz REVT) dar. Dies wurde von Albert Ellis entwickelt und durch sein 1977 veröffentlichtes Buch „Die Rational-Emotive Therapie" in

Deutschland bekannt (Ellis & Hoellen, 2004, S. 7). In den folgenden Kapiteln sollen die Grundlagen seines Konzepts erläutert werden sowie die wichtigsten Schritte der REVT vorgestellt werden. Anschließend wird durch ein fiktives Beispiel veranschaulicht, wie das Konzept von Ellis in einer Coachingsituation Anwendung finden kann.

3.1 Theoretische Grundlagen der REVT

Die rational-emotive Verhaltenstherapie wurde bereits in den 1950er durch den klinischen Psychologen Albert Ellis entwickelt, welcher diese noch über viele Jahre hinweg modifizierte und ausdifferenzierte. Ursprünglich orientierte sich Ellis in seiner Tätigkeit als Therapeut an der Psychoanalyse nach Freud. Dennoch kritisierte Ellis an diesem Konzept, dass sein Patient*innen zwar Einsicht über ihr Krankheitsbild erlangte, allerdings nicht befähigt waren ihr Verhalten zu verändern. Aus dieser Kritik heraus begann er sein therapeutisches Vorgehen zu modifizieren und entwickelte zunächst die rationale Therapie, die Ellis später mit Einbezug der Bedeutung der Emotionsebene zu rational-emotiven Therapie umbenannte (Behnke, 2016, S.109-111). Die Grundlage seines Konzeptes basiert auf der Annahme, dass irrationale Überzeugungen Quelle für psychisches Leid darstellen. Damit orientierte sich Ellis an dem rationalen Weltverständnis der Stoiker aus der griechischen Antike (Helle, 2019, S. 141). In diesem Kontext werden Gefühle, mit Ausnahme von einzelnen Basisemotionen, als soziales Konstrukt verstanden. Kognitionen, Emotionen und Verhalten sind nicht getrennt voneinander zu betrachten, sondern werden als intrinsisch intergiert und holistisch verstanden (Behnke, 2016, S. 111; Ellis & MacLaren, 2015, S. 13). Ellis führte hier den Begriff der „Mussturbationen" ein, welches er als ein sich selbst mit einem Muss verwirren bzw. in Schwierigkeiten bringen definierte. In der REVT sind dabei positive wie negative Gefühle erlaubt. Der Fokus liegt aber in der Unterscheidung von gesunden Gefühlen, die einen gesunden Effekt tragen und ungesunden Gefühlen wie rigide Forderungen und Beurteilungen, die sich negative auf die psychische Gesundheit auswirken. Jene Forderungen spielen in der Theorie der REVT eine besondere Rolle und wurden von Ellis als „irrationale Dreieinigkeit" tituliert (Behnke, 2016, S. 111-112). Sie beziehen sich auf Forderungen an sich selbst, Forderungen an andere und Forderungen an die ganze Welt und werden durch Jong-Meyer (2018, S. 501) wie folgt vereinfacht zusammengefasst:

1. „Ich muss perfekt sein!"
2. „Andere müssen mich zuvorkommend behandeln!"
3. „Die Umstände müssen solche sein, wie ich das will!"

Das nicht erfüllen dieser Forderungen, wird dann als schrecklich und nicht ertragbar empfunden. Es resultieren zwei Formen psychischer Störungen: Ich-Angst und Angst vor Unbehagen. Die Ich-Angst basiert auf dem Gedanken nur wertvoll zu sein, wenn man perfekt ist. Angst vor Unbehagen bedingt Glücklich-Sein damit, dass die Dinge einfach seinen müssen und nach den eigenen Vorstellungen ablaufen müssen. Diese drei grundlegenden Imperative ("demands"), werden als Kombination aus genetischen angelegten Grundbedürfnissen und angelernten Glaubenssätzen durch die primäre Sozialisation betrachtet. Ellis ging davon aus, dass diese Glaubensgrundsätze durch das Individuum noch weiterentwickelt und variiert werden, woraus letztendlich eigene Regeln und Kernphilosophien entstehen. Werden die drei dysfunktionalen Forderungen zu dogmatischen, also starren, unbeugsamen Forderungen, bedingen sie psychische Störungen und Verhaltensstörungen (Behnke, 2016, S. 113; Jong-Meyer, 2018, S. 501). Helle (2019) begründet dies mit der Annahme: „Wer solche irrationalen Überzeugungen verinnerlicht hat, wird sehr anfällig auf Ablehnung, Erleben der eigenen begrenzten Kompetenzen und aversiv erlebte Situationen reagieren" (S. 141). Somit sind nicht Ereignisse aus der Umwelt für psychische Belastungen verantwortlich, sondern vielmehr das individuelle Überzeugungssystem („belief system"), durch welches Ereignisse bewertet und emotionale Konsequenzen gezogen werden (Helle, 2019, S. 141). Daher liegt besonderes Augenmerk in der REVT auf den Überzeugungen („beliefs") und derer Veränderung. Hierbei besteht die besonderen Herausforderungen die dysfunktionalen Überzeugungen zu erkennen und aufzudecken, da sie in enger Beziehung zur den individuell entwickelten Kernphilosophien stehen und unbewusst auftreten. Stattdessen werden fälschlicherweise auftretende Ereignisse aus der Umwelt als Ursache für Gefühle herausgestellt. Behnke (2016) beschreibt dazu: „Da die auftretenden Ereignisse [...] viel deutlicher zu identifizieren und faktisch festhaltbar sind, tendieren Menschen dazu, diese für ihre Gefühle verantwortlich zu machen und ignorieren dabei häufig die Bewertungen, die sie auf Grund ihrer Kernphilosophien vornehmen, obwohl diese einen entscheidenden Einfluss auf das psychische Wohlergehen jedes Individuums haben" (S. 113). Ziele der der REVT sind also dysfunktionale Überzeugungen als Problemursache zu identifizieren. Dann soll den Patient*innen geholfen werden eine neue Bewertung durch Maximierung ihres rationalen Denkens und Minimierung irrationalen Denkens zu entwickeln. Hierzu bezog Ellis den sokratischen Dialog als Methode in seinen therapeutischen Ansatz mit ein. Es handelt sich dabei um eine direktive Gesprächsführung, durch welche die irrationalen Überzeugungen der Patient*innen systematisch hinterfragt werden. Durch die Erschütterung des dysfunktionalen Überzeugungssystem soll die Neubewertung angeregt werden (Helle, 2019 S, 142). Weitere Ziele der REVT bestehen darin, die erkannten Widersprüchlichkeiten seiner

Persönlichkeit und seines Überzeugungssystems auch auszuhalten. Dabei sollte zusätzlich das Verständnis erlernt werden, dass die Patient*innen zwar bestimmte Aspekte ihres Charakters oder Verhaltens bewerten und ändern können, dabei aber nicht auf Grundlage dessen eine Gesamtbeurteilung der eigenen Person getroffen werden sollte. Bei der REVT besteht stattdessen ein Menschenbild, bei dem jeder Mensch grundsätzlich so akzeptiert wird, wie er ist, unter Berücksichtigung, dass er weder gut noch böse ist, sondern ein Individuum mit wechselnden positiven, negativen und neutralen Eigenschaften. So soll der Mensch nicht global bewertet, sondern nur seine Taten eingeschätzt werden. In diesem Kontext ist auch das Ziel Selbstakzeptanz als förderliches Instrument für rationales Denken und Verhalten zu vermitteln bedeutend (Behnke, 2016, S. 117-118). Um all diese Ziele zu erreichen, bedient sich die REVT bestimmter Instrumente und Arbeitsweisen. Eines davon ist das sogenannte ABC-Modell, welches im folgenden Kapitel genauer beleuchtet wird.

3.2 Schritte der REVT

Die REVT verläuft übergeordnet in drei sich überschneidenden Phasen ab, welche die (Selbst-)Analyse, rationale-emotive Imaginationsübungen und zuletzt Verhaltenstraining umfassen (Helle, 2019, S. 143). Um den ersten Schritt, die Analyse, einfacher und übersichtlicher für die Patient*innen zu gestalten, entwarf Ellis das sogenannte ABC-Modell („**A**ktivierendes Ereignis-**B**ewertungen-**C**onsequenzen-Modell") (Behnke, 2016, S. 118). Dabei steht „A" für das auslösende Ereignis („activating event"), dem die Patient*innen begegnet sind. „B" beschreibt das Überzeugungssystem („belief system") der Patient*innen in Bezug auf das Ereignis „A" und löst „C", also die emotionalen oder behavioralen Konsequenzen aus (Ellis & MacLaren, 2015, S. 56). Als die wichtigste Komponente beschreibt Behnke (2016) die Bewertung „B", da sie direkten Einfluss auf die Konsequenz „C" nimmt (S. 118). Dazu werden in der REVT zwischen den bereits erwähnten dysfunktionalen, irrationalen Bewertungen („inappropriate beliefs", kurz iBs) und rationalen Bewertungen („appropriate beliefs", kurz rBs) unterschieden. Während eine „rB" sich an der Realität orientiert und zu angemessenen Gefühlen und Verhalten führt, orientiert sich eine „iB" an der eigenen Wahrnehmung und individuellen Gefühlen, wodurch unangemessene Gefühle und Verhalten resultieren. Es können auf dieser Grundlage dann auch weitere Störungen entwickelt werden, die Ellis als Symptomstress bezeichnet (Behnke, 2016, S. 119). Wie sich „iBs" auswirken, soll vereinfacht in Abbildung 2 dargestellt werden.

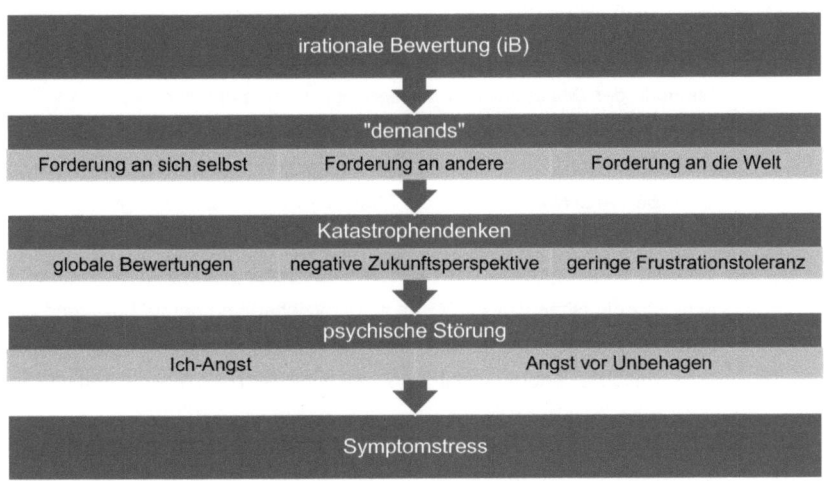

Abbildung 2: Prozessmodell zur Auswirkung der "iBs" (Quelle: eigene Darstellung in Anlehnung an Behnke, 2016, S. 120)

Um nun die „iBs" aufzudecken, werden in der REVT konkrete Situationen analysiert. Dazu wird das ABC-Modell als aktive-direktiver Ansatz verwendet. Zuerst sollte den Patient*innen die ABC-Methode erläutert und ihr Einsatz begründet werden. Dann kann die therapierende / beratende Person das Grundmuster des ABC-Modells beispielsweise an einer Tafel verschriftlichen. Dies könnte wie folgt aussehen:

Anlass	Bewertung	Consequenz
	iB	
	Denkalternative	Erfolg
	rB	

Tabelle 1: Grundmuster des ABC (Quelle: Eigene Darstellung in Anlehnung an Willberg, 2019, S. 88)

Erweitert wird das ABC-Modell hier um „D", also Denkalternative („dispute") und „E", betitelt als Erfolg („effective new philosophy") (Willberg, 2019, S. 89). Dann können spezifische Situationen analysiert werden, indem Anlass, Bewertungen und Konsequenzen identifiziert werden, die Beziehung zwischen Bewertung und Konsequenz herausgestellt und Denkalternativen zur Entwicklung einem effektiven

18

neuen Bewertungssystem erarbeitet werden. Bei dem letzten Aspekt setzt dann die Phase mit rationale-emotive Imaginationsübungen an. In der REVT wird dazu auf die Methode der Disputation zurückgegriffen. Diese bereits in Kapitel 3.1 als sokratischer Dialog erläuterte Methode, soll den Patient*innen verhelfen, die dysfunktionalen Überzeugungen durch rationale Überzeugungen zu ersetzen (Ellis & MacLaren, 2015, S. 65-66). Anschließend setzt die Phase des Verhaltenstrainings an, wo beispielsweise mit kognitiven Hausaufgaben gearbeitet werden kann. Die Patient*innen werden gebeten in der Zeit zwischen den Therapiesitzungen „As" und „iBs" zu identifizieren, eigenständig einen aktiven Disput zu unterziehen und darauf basierend die „iBs" durch „rBs" zu ersetzen. Die Übung in realen Situationen ist besonders wichtig, um neue entwickelte Bewertungssysteme zu verinnerlichen (Ellis & MacLaren, 2015, S. 76).

3.3 Anwendungsbeispiel für Coachingsituation

Das Konzept der von Ellis entwickelten REVT kann auch im Coaching als Methodik genutzt werden. In Folgenden soll eine fiktive Coachingsituation vorgestellt werden, in der das erläuterte Konzept Anwendung findet.

Die neue Abteilungsleiterin Frau P. einer Firma wurde von ihren Vorgesetzten gebeten an einem Coaching mit dem internen Coach der Firma teilzunehmen, da es vermehrt Beschwerden von Seiten ihrer Mitarbeiter*innen gab. Diese fühlten sich bei Uneinigkeiten oder Diskursen mit Frau P. immer vor den Kopf gestoßen und beklagten, dass sie keine konstruktive Kritik oder Vorschläge bezüglich der Durchführung von Projekten entgegennahm, stattdessen schnell forsch und aggressiv reagierte. Frau P. bestätigte, dass sich vermehrt Streitigkeiten ergeben hatten, und stimmte einem Coaching zu. Der interne Coach der Firma möchte Frau P. mittels des ABC-Modells helfen, bestimmte Situationen im Arbeitsalltag zu analysieren, die zu Streitigkeiten geführt haben. Nachdem der Coach Frau P. die Methode des ABCs erklärt hat und sie sich einverstanden mit dessen Anwendung zeigte, zeichnete der Coach das ABC-Modell an eine Tafel. Im Coaching ergab sich, dass Frau P. aufgrund ihrer neuen Führungsposition noch unsicher fühlte. Verbesserungsvorschläge ihrer Mitarbeiter*innen fasste sie schnell als direkte Kritik an ihr als Führungsperson und ihren Fähigkeiten auf. Da sie bereits Früher schlechte Erfahrungen damit gemacht hatte unterschätzt und nicht ernst genommen zu werden, reagierte sie schneller aggressiv auf die Vorschläge ihrer Mitarbeiter*innen. Im Diskurs über diese Bewertung entwickelte Frau P. mit ihrem Coach die Denkalternative, in der sie Verbesserungsvorschläge ihrer Mitarbeiter*innen nicht mehr als Kritik an ihrer Person aufnehmen sollte, sondern stattdessen als Hilfestellung für ihr Verhalten und Vorgehen als Führungskraft, wodurch sich ihre Unsicherheit nach und nach auflöste. Das ABC-Modell von Frau P., welches sich aus dem Diskurs mit ihrem Coach über eine bestimmte Arbeitssituation ergab, könnte wie folgt aussehen:

Anlass	Bewertung	Consequenz
→Mitarbeiter XY schlägt eine Alternative Vorgehensweise zu meinem Vorschlag für ein Teamprojekt vor	→„Mitarbeiter XY zweifelt meine Vorgehensweise und damit mich und meine Fähigkeiten an." →„Es MUSS meine Vorgehensweise angewandt werden, damit ich als Führungsperson akzeptiert werde / wertvoll bin."	→Wut →Kontrollverlust →Ich stoße Mitarbeiter XY vor den Kopf
	Denkalternative	Erfolg
	→„Mitarbeiter XY kritisiert nicht mich als Person und stellt nicht meinen Wert und Frage." →„Meine Führungsqualität ist nicht davon abhängig, ob alle meine Vorgehensweisen perfekt sind und umgesetzt werden." →„Ich kann den Vorschlag meines Mitarbeiters XY nutzen, um meine Führungsqualität zu bessern und mich in meiner Führungsposition sicherer zu fühlen."	→Mäßiger Ärger →Souveräneres Auftreten →Vorschläge und Anregungen nutzen und nicht alles allein schaffen müssen →Sichereres Gefühl als Führungsposition

Tabelle 2: ABC-Modell für das Coachingbeispiel mit Frau P. (Quelle: eigene Darstellung)

Nach den aus dem Coaching gezogenen Erkenntnissen bittet der Coach Frau P. als Hausaufgabe bis zu nächsten Coaching Sitzung zu versuchen, weitere Anlässe zu identifizieren sowie damit verbundene irrationale Bewertungen und zu versuchen diese eigenständig einem Disput zu unterzeihen, um eine rationale Alternativbewertung dafür zu finden. Dies soll sie, wenn möglich in einem ABC-Raster verschriftlichen.

Literaturverzeichnis

Backhausen, W. & Thommen, J.-P. (Hrsg.). (2017). *Coaching*. Wiesbaden: Springer Fachmedien Wiesbaden. https://doi.org/10.1007/978-3-8349-3843-5

Backhausen, W. & Thommen, J.-P. (2017). Coaching – zwischen Modewort und innovativem Instrument der Personalentwicklung. In W. Backhausen & J.-P. Thommen (Hrsg.), *Coaching* (S. 1–9). Wiesbaden: Springer Fachmedien Wiesbaden. https://doi.org/10.1007/978-3-8349-3843-5_1

Behnke, K. (2016). *Umgang mit Feedback im Kontext Schule*. Wiesbaden: Springer Fachmedien Wiesbaden. https://doi.org/10.1007/978-3-658-10223-4

Deutsche Gesellschaft für Coaching e.V. (Hrsg.) (o.J.). *Coachingverständnis der DGfC*. Zugriff am 17.01.2022. Verfügbar unter https://coaching-dgfc.de/wp-content/uploads/2019/05/Coachingverständnis_DGfC.pdf

Egger, J. W. (2015). *Integrative Verhaltenstherapie und psychotherapeutische Medizin*. Wiesbaden: Springer Fachmedien Wiesbaden. https://doi.org/10.1007/978-3-658-06803-5

Ellis, A. & Hoellen, B. (2004). *Die rational-emotive Verhaltenstherapie: Reflexionen und Neubestimmungen*. Deutschland: Pfeiffer.

Ellis, A. & MacLaren, C. (2015). *Rational-Emotive Verhaltenstherapie* (9 Bände). Paderborn: Junfermann Verlag.

Fahr, U. (Hrsg.). (2017). *Coaching an der Hochschule* (essentials). Wiesbaden: Springer Fachmedien Wiesbaden. https://doi.org/10.1007/978-3-658-16847-6

Fahr, U. (2017). Coaching. In U. Fahr (Hrsg.), *Coaching an der Hochschule* (essentials, S. 3–12). Wiesbaden: Springer Fachmedien Wiesbaden. https://doi.org/10.1007/978-3-658-16847-6_2

Greif, S. (2008). *Coaching und ergebnisorientierte Selbstreflexion: Theorie, Forschung und Praxis des Einzel- und Gruppencoachings.* Deutschland: Hogrefe Verlag.

Greif, S., Möller, H. & Scholl, W. (Hrsg.). (2018). *Handbuch Schlüsselkonzepte im Coaching.* Berlin, Heidelberg: Springer Berlin Heidelberg. https://doi.org/10.1007/978-3-662-49483-7

Greif, S., Möller, H. & Scholl, W. (2018). Coachingdefinitionen und -konzepte. In S. Greif, H. Möller & W. Scholl (Hrsg.), *Handbuch Schlüsselkonzepte im Coaching* (S. 1–9). Berlin, Heidelberg: Springer Berlin Heidelberg. https://doi.org/10.1007/978-3-662-49483-7_7

Haenel, T. (Hrsg.). (2018). *Depression – das Leben mit der schwarz gekleideten Dame in den Griff bekommen.* Berlin, Heidelberg: Springer Berlin Heidelberg. https://doi.org/10.1007/978-3-662-54417-4

Haenel, T. (2018). Psychotherapie. In T. Haenel (Hrsg.), *Depression – das Leben mit der schwarz gekleideten Dame in den Griff bekommen* (S. 247–261). Berlin, Heidelberg: Springer Berlin Heidelberg. https://doi.org/10.1007/978-3-662-54417-4_20

Helle, M. (Hrsg.). (2019). *Psychotherapie* (Basiswissen Psychologie). Berlin, Heidelberg: Springer Berlin Heidelberg. https://doi.org/10.1007/978-3-662-58712-6

Helle, M. (2019). Verhaltenstherapie. In M. Helle (Hrsg.), *Psychotherapie* (Basiswissen Psychologie, S. 125–159). Berlin, Heidelberg: Springer Berlin Heidelberg. https://doi.org/10.1007/978-3-662-58712-6_5

Hoyer, J. & Knappe, S. (Hrsg.). (2020). *Klinische Psychologie & Psychotherapie.* Berlin, Heidelberg: Springer Berlin Heidelberg. https://doi.org/10.1007/978-3-662-61814-1

Hoyer, J., Knappe, S. & Wittchen, H.-U. (2020). Klinisch-psychologische und psychotherapeutische Verfahren: Ein Überblick. In J. Hoyer & S. Knappe (Hrsg.), *Klinische Psychologie & Psychotherapie* (S. 377–395). Berlin, Heidelberg: Springer Berlin Heidelberg. https://doi.org/10.1007/978-3-662-61814-1_13

Jong-Meyer, R. (2018). Kognitive Verfahren nach Beck. In J. Margraf & S. Schneider (Hrsg.), *Lehrbuch der Verhaltenstherapie, Band 1* (S. 499–513). Berlin, Heidelberg: Springer Berlin Heidelberg. https://doi.org/10.1007/978-3-662-54911-7_35

Kattan, C. (Hrsg.). (2021). *Chronische Erschöpfung - nur müde oder wirklich krank?* Berlin, Heidelberg: Springer Berlin Heidelberg. https://doi.org/10.1007/978-3-662-63874-3

Kattan, C. (2021). Psychotherapie. In C. Kattan (Hrsg.), *Chronische Erschöpfung - nur müde oder wirklich krank?* (S. 111–115). Berlin, Heidelberg: Springer Berlin Heidelberg. https://doi.org/10.1007/978-3-662-63874-3_11

Lincke, H.-J., Häberle, N., Lindner, A., Noelle, I., Vomstein, M., Haug, A. et al. (2020). *Die Messung der emotional-affektiven Haltung zur Arbeit: die Skala zum Work Engagement im COPSOQ* (Bd. 33). Freiburg: FFAS Freiburger Forschungsstelle Arbeits- und Sozialmedizin.

Lippmann E. (Hrsg.). (2006). *Coaching. Angewandte Psychologie für die Beratungspraxis.* Springer Verlag, Heidelberg

Loebbert, M. (2015). *Coaching Theorie.* Wiesbaden: Springer Fachmedien Wiesbaden. https://doi.org/10.1007/978-3-658-08438-7

Margraf, J. (2009). *Kosten und Nutzen der Psychotherapie.* Berlin, Heidelberg: Springer Berlin Heidelberg. https://doi.org/10.1007/978-3-540-68316-2

Margraf, J. & Schneider, S. (Hrsg.). (2018). *Lehrbuch der Verhaltenstherapie, Band 1.* Berlin, Heidelberg: Springer Berlin Heidelberg. https://doi.org/10.1007/978-3-662-54911-7

Neuner, R. (Hrsg.). (2019). *Psychische Gesundheit bei der Arbeit.* Wiesbaden: Springer Fachmedien Wiesbaden. https://doi.org/10.1007/978-3-658-23961-9

Neuner, R. (2019). Die Gefährdungsbeurteilung psychischer Belastung bei der Arbeit. In R. Neuner (Hrsg.), *Psychische Gesundheit bei der Arbeit* (S. 43–101). Wiesbaden: Springer Fachmedien Wiesbaden. https://doi.org/10.1007/978-3-658-23961-9_3

Nübling, M., Stößel, U., Hasselhorn, H.-M., Michaelis, M. & Hofmann, F. (2005). *Methoden zur Erfassung psychischer Belastungen. Erprobung eines Messinstrumentes (COPSOQ)*. Dortmund, Dresden, Berlin: Wirtschaftsverlag NW.

Nübling, M., Vomstein, M., Haug, A. & Lincke, H.-J. (2017). Sind Referenzdaten der COPSOQ-Datenbank für eine JEM zu psychosozialen Arbeitsfaktoren geeignet? *Zentralblatt für Arbeitsmedizin, Arbeitsschutz und Ergonomie, 67*(3), 151–154. https://doi.org/10.1007/s40664-017-0182-4

Poschkamp, T. (2008). *Lehrergesundheit: Belastungsmuster, Burnout und Social Support bei dienstunfähigen Lehrkräften*. Deutschland: Logos-Verlag.

Schaarschmidt, U. (2012). Burnout als Muster arbeitsbezogenen Verhaltens und Erlebens. *PTT-Persönlichkeitsstörungen: Theorie und Therapie, 16*(2), 116-124.

Thielmann, B., Yurkul, T., Zavgorodnij, I., Kapustnik, W. & Böckelmann, I. (2019). Zusammenhänge von Persönlichkeitsprofilen und arbeitsbezogenen Verhaltens- und Erlebensmustern bei weiblichen Lehrkräften. *Zentralblatt für Arbeitsmedizin, Arbeitsschutz und Ergonomie, 69*(3), 133–143. https://doi.org/10.1007/s40664-018-0318-1

Wegener, R., Loebbert, M. & Fritze, A. (Hrsg.). (2016). *Coaching und Gesellschaft*. Wiesbaden: Springer Fachmedien Wiesbaden. https://doi.org/10.1007/978-3-658-09636-6

Wegener, R., Loebbert, M. & Fritze, A. (2016). Coaching und Gesellschaft. In R. Wegener, M. Loebbert & A. Fritze (Hrsg.), *Coaching und Gesellschaft* (S. 1–7). Wiesbaden: Springer Fachmedien Wiesbaden. https://doi.org/10.1007/978-3-658-09636-6_1

Wesselborg, B. (2017). Lehrergesundheit im Zusammenhang mit Lehrer-Schüler-Beziehungen - Zentrale Befunde und Perspektiven für die Forschung.In Weyland, Ulrike; Reiber, Karin (Hrsg.): *Entwicklungen und Perspektiven in den Gesundheitsberufen – aktuelle Handlungs- und Forschungsfelder* (S. 247-267). Bundesinstitut für Berufsbildung, Bonn.

Weyland, U. & Reiber, K. (2017). *Entwicklungen und Perspektiven in den Gesundheitsberufen – aktuelle Handlungs- und Forschungsfelder*. Bundesinstitut für Berufsbildung, Bonn.

Willberg, H.-A. (Hrsg.). (2019). *Achtsamkeitsbasierte Kognitive Seelsorge und Therapie*. Berlin, Heidelberg: Springer Berlin Heidelberg. https://doi.org/10.1007/978-3-662-59470-4

Willberg, H.-A. (2019). Kognitive Seelsorge und Therapie im Einzelsetting. In H.-A. Willberg (Hrsg.), *Achtsamkeitsbasierte Kognitive Seelsorge und Therapie* (S. 87–134). Berlin, Heidelberg: Springer Berlin Heidelberg. https://doi.org/10.1007/978-3-662-59470-4_4

Wrede, B. A. & Wiesenthal, K. (Hrsg.). (2018). *Coaching für Industrie 4.0*. Berlin, Heidelberg: Springer Berlin Heidelberg. https://doi.org/10.1007/978-3-662-56394-6

Wrede, B. A. & Wiesenthal, K. (2018). Coaching im Unterschied zu anderen hilfreichen Dialogen. In B. A. Wrede & K. Wiesenthal (Hrsg.), *Coaching für Industrie 4.0* (S. 17–27). Berlin, Heidelberg: Springer Berlin Heidelberg. https://doi.org/10.1007/978-3-662-56394-6_3

Wrede, B. A. & Wiesenthal, K. (2018). Was ist Coaching? In B. A. Wrede & K. Wiesenthal (Hrsg.), *Coaching für Industrie 4.0* (S. 9–16). Berlin, Heidelberg: Springer Berlin Heidelberg. https://doi.org/10.1007/978-3-662-56394-6_2